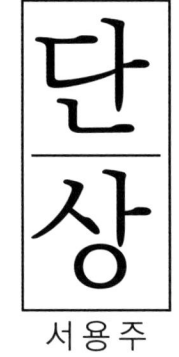

단상
서용주
두려워 할 용기

> 처음부터 용기 있는 사람은 없다.
> 두려움에 맞서면 용기가 생긴다.
> 용기는 두려움을 줄여가는 과정이다.
>
> 두려움을 피하면 더 큰 두려움이 생겨나고
> 두려움과 마주하면 용기가 시작된다.
> 어려움에 굴하면 더 큰 어려움에 직면할 뿐이다.

들어가며

되돌아보면 늘 후회의 연속이었다. 지금 알았던 걸 그 때 알았더라면 하며 매번 쓴웃음을 짓는 시간들. 그럼에도 불구하고 지금을 부끄러워하지 않고 크고 작은 두려움과 마주하며 꾸역꾸역 여기까지 걸어올 수 있었던 건 두려움 앞에 마주 했던 '용기' 때문이었다.

1980년 5월18일 광주는 두려움과 마주한 첫 경험이었다. 젊은 정치인을 꿈꾸며 유망전도 했던 아버지가 해직기자로 전락했고, 소설가를 꿈꾸던 어머니는 생업에 뛰어들며 가정이 뿔뿔이 흩어졌다. 그 시절부터 어린 소년의 삶은, 매순간 선택이라는 두려움 앞에 움츠러들 수 밖에 없었다.

실패 없는 선택이 행운처럼 다가올리 만무했다. 넘어지고 일어나는 고통스러운 시간을 이겨낼 수 있었던 건, 두려움을 직시하고 마주한 용기였다. 선택을 믿고 포기하지 않는 용기, 나를 믿는 용기, 막연한 내일을 바꿀 용기, 혼자가 아니라는 용기, 그 힘으로 우리는 여기 서있는 것이다. 우리 모두 더 많은 드라마를 간직하고 살고 있다.

어제의 모습이 후회되고 지금이 만족스럽지 않지만 지금까지 잘 버티고 서 있다면 '당신은 너무 잘 살아왔다'고 이야기하고 싶었다. 힘든 여정을 지나온 이들과 그 여정이 남은 이들 모두에게 던지는 두려움과 용기에 대한 소회는 비단 내 자신의 케케묵은 넋두리가 아니다. 함께 나누고 고민하고자 하는 짧은 단상이다.

지금도 두렵기 때문에 용기를 낸다. 그리고 그 용기가 나와 우리의 삶을 하나 둘 바꿔가고, 내일을 오롯이 자신의 것으로 가져갈 수 있는 원동력이 될 것을 기대한다. 두려움 앞에 서는 용기가 지금 이 순간에도 우리의 삶을 바꾸고 있다.

단상

두려워 할 용기

"용기는 두려움의 산물이다.
두려움을 외면하면 용기는 사라진다.
맘껏 두려워하고 맘껏 용기를 내자.
두려움은 용기와 다른 글자의 같은 의미다."

1

용기는 두려움을 줄여가는 과정이다.

두려워 할 용기
단상

두려워 할 용기 단상 서용주

11

2

두려움을 피하면 더 큰 두려움이 생기고
어려움에 굴하면 더 큰 어려움에 직면한다.
'용기'다.

두려워 할 용기
단상

3

떨리면 떨어라.
떨지 않는 게 용기가 아니다.
바라는 모습이 아니라 될 수 있는 모습으로 사는 게 용기다.

두려워 할 용기
단상

두려워 할 용기 단상 서용주

15

4

할 수 있을까 생각할 시간에 일단 해라.
실패한다면 다시 도전할 기회다.
성공했다면 다른 걸 해볼 기회다.

두려워 할 용기
단상

두려워 할 용기 단상 서용주

5

요란한 소리가 필요한 관계는 껍데기일 공산이 크다.
꽉 찬 관계는 아무 소리가 들리지 않아도 된다.
관계가 만남의 시간에 비례하지 않는 이유다.

두려워 할 용기
단상

두려워 할 용기 단상 서용주

6
|

불안함은 늘상이다.
평온함을 좇다보면 불안감만 쌓인다.
불안하다고 조급해지면 그만큼 불안만 쌓일 뿐이다.

두려워 할 용기
단상

두려워 할 용기 단상 서윤주

7
|

매번 같은 순간도 같은 하늘도 없다.
유한한 공간 속에 허망한 것 쫓고 있진 않은지
우리가 잃어버리는 건 시간으로 충분해야 한다.

두려워 할 용기
단상

두려워할 용기 단상 서윤주

8

믿음은 실천하는 사람의 단어다.

두려워 할 용기
단상

두려워 할 용기 단상 서윤주

25

9
―
하다보면 다 하게 된다. 걱정하지 마라.

두려워 할 용기
단상

10

나무에 앉은 새는 가지가 부러질까 두려워하지 않는다.
새는 나무가 아니라 자신의 날개를 믿기 때문이다.

두려워 할 용기
단상

두려워 할 용기 단상 서용주

11

환한 어둠도 즐거운 비장함도 존재한다.
자신에게 분명해져라. 어둠 속 별빛처럼.

두려워 할 용기
단상

두려워할 용기 **단상** 서용주

12

말로 시작해 말로 유지되는 관계에 집착하지 마라.
달콤한 말의 성찬보다 평온한 침묵이 낫다.

두려워 할 용기
단상

두려워할 용기 단상 서용주

13

돈으로 살 수 있는 것들.
시계, 집, 의사, 사람
돈으로 살 수 없는 것들.
시간, 가정, 건강, 관계

두려워 할 용기
단상

두려워 할 용기 **단상** 서용주

14

시간이 흐르다 멈춘 자리에 용기의 싹을 틔우길.
복잡한 셈법보다 겸허한 진심으로 다시 일어날 뿐.

두려워 할 용기
단상

두려워 할 용기 단상 세윤주

15

새벽녘 떠오른 태양, 같은 곳을 보며 가는 사람들 속에 우리를 본다.
부지런한 열정과 단단한 신뢰가 길을 연다.
어둠을 깨부수는 건 희망의 걸음이다.

두려워 할 용기
단상

두려워 할 용기 단상 서용주

16

아직 오지 않은 내일로 인해 오늘을 주저하지 말자.

두려워 할 용기
단상

두려워할 용기 단상 서용주

17

복잡다단하다. 있는 그대로면 된다.
속이면 속고, 말하면 믿고, 쓰러지면 일어나라.

두려워 할 용기
단상

18

믿음은 보지 않고도 믿는 것.
언약은 보이지 않아도 지키는 것.

두려워 할 용기
단상

두려워할 용기 **단상** 서용주

19

인생이란 때때로 우리로 하여금 기꺼이 억울함을 선택하게 만들고
우리는 어쩔 수 없이 그 모순과 손잡으며 살아간다.

두려워 할 용기
단상

두려워 할 용기 단상 | 서용주

20

일방적인 주장은 늘 오류를 낳는다.
확증편향의 오류 안에 합리를 찾아본다.

두려워 할 용기
단상

두려워할 용기 단상 서윤주

21

메마른 가지에도 뾰족한 건물 귀퉁이에도 봄은 스민다.
봄은 늘 다시 시작한다. 군데군데 생긴 자락일 지라도 생기는 깃든다.
포기하지 않는다면 이른 아침 그런 봄을 볼 수 있다.

두려워 할 용기
단상

두려워 할 용기 단상 세요주

22

꽃
계절이 오기도 전에 오니 더 예쁘다.
속내는 알 도리 없지만 보여주니 그저 반갑다.
속임 없이 피어주니 부끄럽기도 하다.
있는 그대로 진심이 사라진 척박한 섬에
꿋꿋하게 피어 주는구나.
너만큼은 살련다.

두려워 할 용기
단상

두려워할 용기 단상 서용주

23

말과 행동이 다르면 거짓이고 겉과 속이 다르면 위선이다.
우리라는 말보다 욕망의 기계가 작동한 익숙한 풍경이다.
신뢰와 믿음을 되찾기 위한 치열한 자기고백이 사라지면
비극일 뿐이다.
오늘도 자신을 믿어라.

두려워 할 용기
단상

두려워 할 용기 단상 _ 서용주

24

불면의 밤.
이제 그만 아파해도 된다.
내가 주춤거린 게 아니니까.
겨울은 모두 무죄다.

두려워 할 용기
단상

두려워할 용기 **단상** 서용주

25

궁극적인 외로움은
혼자라서가 아니라
많은데 없는 것이다.
우린 어디에 서있나.

두려워 할 용기
단상

두려워 할 용기 단상 서용주

26

망치를 든 자에게는
모든 것이 못으로 보이는 법이다.

두려워 할 용기
단상

두려워 할 용기 단상 서용주

27

거짓과 위선의 길에서 벗어나지 않으면
원칙대로 실패할 수 조차 없다.

두려워 할 용기 단상

두려워 할 용기 단상 서윤주

63

28

선명성은 입이 아닌 행동에서 나온다.

두려워 할 용기
단상

두려워 할 용기 단상 서용주

29

'세월호' 20140416
기억은 진실을 포기하지 않습니다.

두려워 할 용기
단상

두려워 할 용기 **단상** 서용주

30

봄이 부끄럽지 않은 네가 부럽다. 그대가 봄입니다.

두려워 할 용기
단상

두려워 할 용기 단상 서용주

31

지금 힘들다면 자기와 싸워야 할 시기가 온 것이다.
탓할 상대만 찾다가는 반발 짝도 앞으로 가기 힘들다.
우리가 지금해야 할 일은 정신 차리기, 지치지 않기다.

두려워 할 용기
단상

두려워 할 용기 단상 서용주

32

해가나면 녹아버릴 눈사람처럼 살기엔
당신의 오늘은 너무 아깝다.

두려워 할 용기
단상

두려워 할 용기 단상 서용주

33

기다리지 못한 사람에겐 내일은 없다.

두려워 할 용기
단상

75

34

과거로 돌아가려는 이들을 막지 못한 미래를 상상하면
우리 아이들이 살아갈 내일은 끔찍한 공포 그 자체다.
태연한 척 맡은 역할에 하루를 보내지만
심장에 땀이 고인다.
긴 숨 한모금과 겨울 햇살 한줌에 땀을 식혀본다.

두려워 할 용기
단상

두려워 할 용기 **단상** 서용주

35

모든 일은 단박에 되진 않는다.
결과는 차곡차곡 쌓아온 일들의 모습이다.
관계든 일이든 평가든 조바심 내는 모든 것이 그렇다.
사람을 못 알아보면 사람에게 상처받고
일을 못 보면 일에 치이며 산다.
생각을 안 하면 말에 상처받고
쉼표를 못 찍으면 마침표도 없다.

두려워 할 용기
단상

두려워 할 용기 **단상** 서용주

36

익숙함과 결별하는 건 어렵다.
성장은 낯섦에 익숙해지고
두려움을 이겨내는 과정이다.
종착지는 모른다. 그래서 용기가 필요하다.

두려워 할 용기
단상

81

37

김대중
"우리는 아무리 강해도 약합니다.
두렵다고, 겁이 난다고 주저 앉아만 있으면
아무 것도 변화시킬 수 없습니다.
두렵지 않기 때문에 나서는 것이 아닙니다.
두렵지만 나서야 하기 때문에 나서는 것입니다.
그것이 참된 용기입니다"
용기가 만용이 되고
자유가 방종이 되는 혼돈의 시대에
그 분의 가치를 아로 새긴다.

두려워 할 용기
단상

두려워할 용기 단상 | 서용주

83

38

"파도여 슬퍼 말아라, 끝없는 몸부림에 서러워 마라"
주저하면 두려움만 깊어질 뿐이다.
슬퍼도 서러워도 몸부림쳐야 한다.
파도야 고맙다.

두려워 할 용기
단상

두려워 할 용기 **단상** 서용주

39

좁은 통로에서 통제된 두려움과 마주한다.
지난 길을 부정할 수 밖에 없다고 해도 하나는 버리지 말자.
나 혼자 힘으로 왔다는 착각.
지금이 혼자라도 혼자 온 사람은 아무도 없다.

두려워 할 용기
단상

두려워 할 용기 **단상** 서윤주

40

새로운 시작을 고민한다면 지금이다.
머뭇거리면 어제가 된다.

두려워 할 용기
단상

두려워 할 용기 **단상** 서윤주

41

노무현
상식과 원칙이 흔들릴 때
안일함과 타협에 익숙해 질 때
당신의 가치를 기억합니다.

두려워 할 용기
단상

42

파르메니데스는 이렇게 말했다.
가벼운 것이 긍정적이고 무거운 것이 부정적이라고.
그 말이 맞을까?
오직 한 가지만은 분명하다.
모든 모순 중에서 무거운 것과 가벼운 것의 모순이
가장 신비롭고 미묘하다.

두려워 할 용기
단상

두려워 할 용기 단상 | 서용주

43

길을 걷다보니 담이 나오고
담을 걷다보니 길이 나온다. 우린 어디서 우릴 사랑할 수 있을까.
망설이면 길은 끝난다. 멈춤 없이 생각하자.

두려워 할 용기
단상

두려워 할 용기 단상 서용주

44

무엇보다 가장 큰 오류는 알고도 내버려두는 오류다.

두려워 할 용기
단상

두려워 할 용기 단상 서유주

97

45

알곡과 쭉정이는 바람이 불면 드러난다.
조잡한 말보다 침묵이 더 진실 될 때가 있다.
분명한 침묵을 결단할 용기.

두려워 할 용기
단상

두려워 할 용기 단상 서윤주

46

구름 밑은 비가 몰아쳐도 구름 위는 맑다.
보이는 만큼만 살지 말자.
답답해도 느리게 바르게 옳게 가보자.
사람이든 상황이든 아쉬움은 버리자.

두려워 할 용기
단상

두려워 할 용기 단상 | 서윤주

47

지금 어렵고 힘들 다면
한 번도 가보지 않은 성공의 길을 가고 있다는 것이다.

두려워 할 용기
단상

서용주

48

성숙이란 상실 앞에 무뎌지는 게 아니라
상실 이후에도 삶이 굴러간단 걸 받아들이는 과정이다.
용기와 함께

두려워 할 용기
단상

49

첫 눈
처음은 설렌다.
첫 눈은 더 희고 차갑지만
따스한 마음을 품고 내린다.

두려워 할 용기
단상

두려워 할 용기 단상 서윤주

50

가장 빠른 지름길은 지름길을 찾지 않을 용기다.

두려워 할 용기
단상

두려워 할 용기 단상 서용주

51

모든 사람을 잠시 속일 수는 있고
일부 사람을 영원히 속일 수는 있어도.
모든 사람을 영원히 속일 수는 없다.

두려워 할 용기
단상

두려워할 용기 단상 | 서용주

52

걷는다.
서로 다른 걸음
서로 다른 침묵
하지만 걷는다. 당신이라서.

두려워 할 용기
단상

53

말을 줄이니 생각이 온다.
생각이 오니 사람이 줄어든다.
사람을 줄이니 사람이 온다.
너였던 게 내가 되고 나였던 게 우리가 된다.
'함께'가 된다.

두려워 할 용기
단상

두려워 할 용기 단상 서용주

54

그대들의 모닥불 불티가 화염이 되리라.
용기가 타오르면 경계해야 할 것은 외면이다.

두려워 할 용기
단상

두려워 할 용기 단상 서용주

55
|

낙엽이 지면 '가을이구나' 하고
눈이 내리면 겨울인 줄 안다.
우리는 다 알면서 의심한다.

두려워 할 용기
단상

두려워 할 용기 단상 서용주

56

행복이란 말보다 '그래도'라는 말이 울린다.
삶이 당겨져 있어서 일까.
층층 쌓인 시간을 씨줄 날줄로 엮어
한 마디에 달아 놓은 듯한 느낌.
깊고 무겁고 아리다.
'그래도' 라는 말이 품은 시간을 풀어낸다면 그럴 것이다.

두려워 할 용기
단상

두려워할 용기 단상 서용주

57

사람을 알아보는 눈.
'태도가 모든 일'이라는 말 이상이다.
넌 지금 사람을 보고 있나.
순간의 기술만 보고 있나.
나한테 잘 해주는 사람만 보지 말자.
요즘 의리가 주머니 속 물에 젖은 승차권이다.

두려워 할 용기
단상

두려워 할 용기 단상 서용주

58

땀은 가면에서 흐르지 않는다.
표피를 뚫고 오르는 한 방울의 뜨거운 땀.

두려워 할 용기
단상

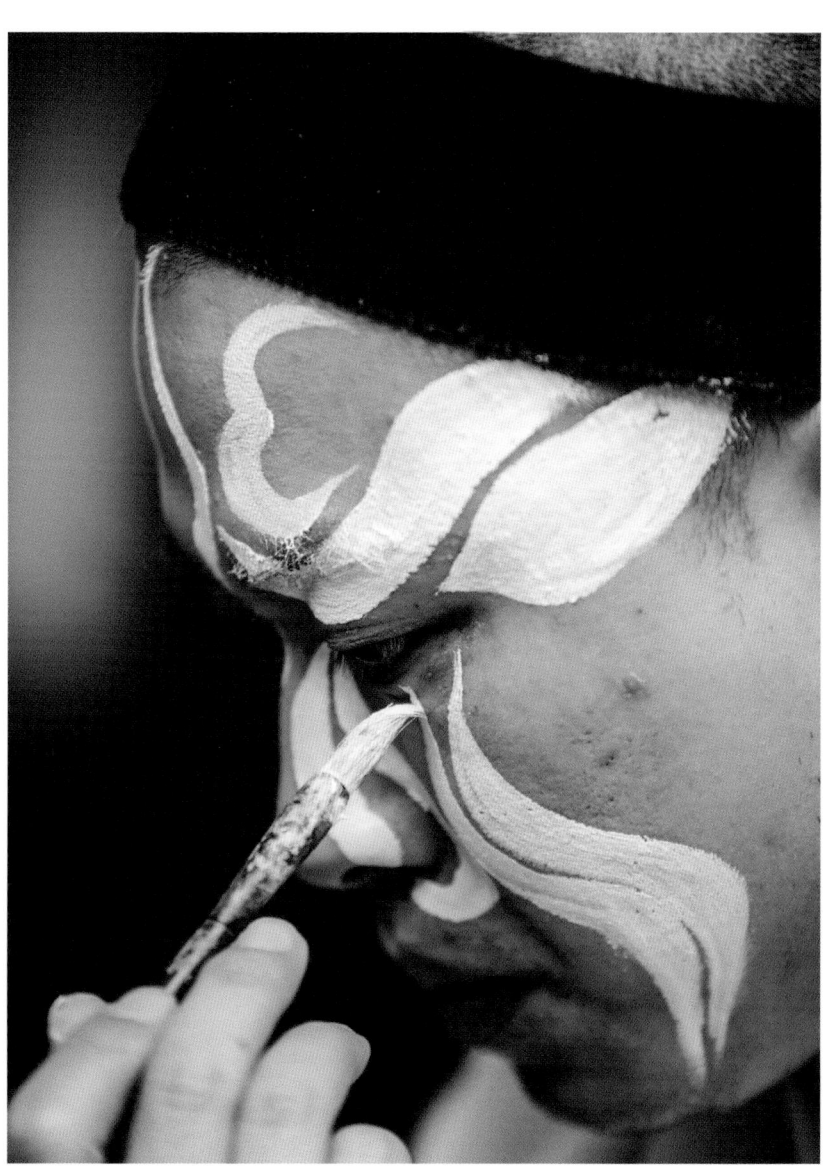

59

우린 매일 이별하며 산다.
지나온 과거와 마주한 현재, 다가오는 미래.
지키려던 자신과 이별하고
지키려던 사랑하는 이와 이별한다.
어제의 나와 이별하고 오늘의 날 떠나보낸다.
내일과의 이별을 마주한 오늘은
흉물스러운 성자의 모순이다.
이별한 모든 지키려던 것들
이별을 통해 모든 새로운 것들과 만나는 순리의 역설
매일 가슴 시린 만남을 준비한다.

두려워 할 용기
단상

두려워 할 용기 단상 서윤주

127

60

진심은 통한다. 다만 시간이 걸릴 뿐이다.
가식은 결국 진심에 소멸된다.
믿음은 기다림이다. 기다림은 지침을 이기는 용기다.
조급함은 저급함이 될 공산이 크다.

두려워 할 용기
단상

129

61

내가 아는 게 전부라고 여기는 순간
논리는 깨지기 마련이다.
내가 다져온 아는 걸 토해내는 것도 용기지만
내가 모르는 것을 마주하고 끄덕이는 것도 용기다.
온통 다름이다.

두려워 할 용기
단상

두려워 할 용기 **단상** 서웅주

62

한 번도 가보지 않은 길이기에 매 순간 역사가 된다.
가본 적도 가려고 해보지고 않은 이들은 이해 못 한다.
네모반듯한 집에서 네모반듯한 길 위에서.
네모반듯한 밥상에서만 네모반듯하게 자기중심적으로
세상을 봐온 이들은 지금 다가온 현상이 입안 속 모래알 같을 게다.

두려워 할 용기
단상

두려워할 용기 단상 서용주

63

슬픈 기억은
머리가 아니라
가슴에 멍이 된다.

두려워 할 용기
단상

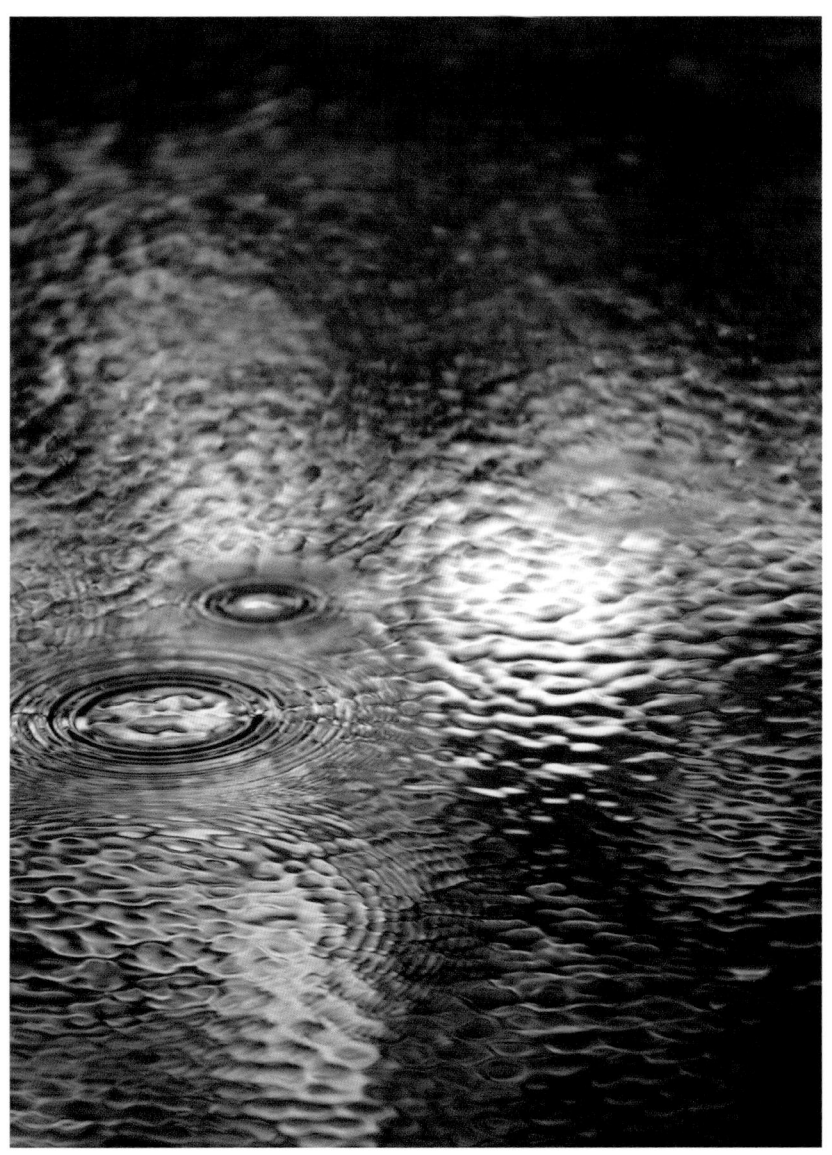

두려워 할 용기 단상 서공주

64

구부러진 길이 아름답다고
막연히 구부러지게 살지 말자.
사람사는 세상을 꿈꾼다고
사람만 보고 살지 말자.
기다리는 바람이 고통이고
구부러진 길도 고통이다.
구부러진 것과 모난 건 다르다.
사람다운 사람과 세상을 꿈꾸자.
지금이 전부인걸 부끄러워하는 그런 사람과
구부러진 길을 가고 싶다.
이제 길이다.

두려워 할 용기
단상

두려워할 용기 단상 서용주

65

다 된 것 같다는 생각은 금물이다.
끝날 때까지 끝난 게 아니다.
긴장과 절박함으로 몸을 아끼지 말고 앞장서야 한다.
일신의 안위도 중요하겠지만 지금은 다시 전열을 가다듬을 때다.
옳다고 하는 순간 틀리기 십상이다.
반발 짝이라도 앞서가야 한다.

두려워 할 용기
단상

두려워 할 용기 단상 서용주

66

목적이 과정을 이기고
결과가 목표를 이기는 아이러니.
비움이 채움을 이기는 세상을 위해 용기를 낸다.

두려워 할 용기
단상

두려워 할 용기 단상 서용주

67

5월 광주
고장 난 녹음기처럼 되풀이되던 천박한 역사는
정의를 외치면 불이익을 당하고
모난 돌이 돼 정을 맞았던 수많은 이들을
외면하고 방치했던 역사의 게으름이 만들어낸
우리들의 일그러진 자화상이다.
기억하기 싫은 이들은
정의를 팔아 기득권을 챙겼고
그 힘으로 의도적 오류를 만들며
진실이 드러나는 것을 막아왔다.
국가도 나서지 않았다.
굴곡진 역사를 바로 잡는 갈등을 두려워했다.
용기는 두려움을 줄여가는 과정이다.
5.18과 정의 앞에 가족과 보장된 미래를 내놓고
그 대가로 가시밭길에 내팽개쳐진
이들을 기억해야 한다.

두려워 할 용기
단상

두려워 할 용기 단상 서용주

143

68

감정적이던 하루를 감동적인 하루로 만들어보자.

두려워 할 용기
단상

두려워할 용기 단상 서윤주

145

69

시간은 새로운 역사를 기다린다.
시간은 뒤로 흐르는 걸 용납하지 않는다.

두려워 할 용기
단상

두려워 할 용기 단상 서용주

147

70

시간 싸움이다.
군더더기는 버리고
핵심에 집중해야 한다.
일관성이 이긴다.

71

새롭게 태어나려면
그동안 머물렀던 한 세계를 파괴해야 한다는 말이 온다.
가을바람 낙엽조차도 자신을 파괴하고 새롭게 태어나기에

두려워 할 용기
단상

두려워 할 용기 단상 서용주

151

72

정치
말하는 정치보다 듣는 정치.
보여주는 정치보다 보는 정치.
튀는 정치보다 뛰는 정치.
정치는 울림이다.

두려워 할 용기
단상

73

진심은 희망을 품고 절망을 견디게 한다.

두려워 할 용기
단상

두려워 할 용기 단상 서용주

74

음정박자 틀렸다고 멈추지 말자.
끝까지 노래하면 다 들어준다.
세상에서 가장 먼 거리는 머리에서 가슴.
세상에서 가장 가까운 거리는 용기와 두려움.

두려워 할 용기
단상

두려워 할 용기 **단상** 서용주

75

우리의 희망은 내일을 기대하게 하는 마음에 있다.

두려워 할 용기

76

'힘듦'이 두려워 적당히 피하면 계속 '힘듦'이 반복되더라.
바닥 치는 게 두려워 머뭇거리면
머뭇거리는 그 공간에 갇히게 된다.
바닥이라는 두려움이 올라갈 용기를 만든다.
두려움과 마주해야 한다.

두려워 할 용기
단상

두려워할 용기 단상 서용주

77

불행하고 싶다면 불행한 사람 옆에 머물면 된다.
용기 있는 삶이 필요하다면 용기 있는 사람 옆에 머물러라.

두려워 할 용기
단상

두려워 할 용기 단상 서용주

78

눈을 뜨고 있다고 다 보이는 건 아니다.
눈을 감고 심장을 받는다면 볼 수 없는 것을 볼 수 있다.

두려워 할 용기
단상

두려워 할 용기 **단상** 서용주

79

분명하다면 단순해야 한다.
미안하면 사과하고 신세졌으면 갚고
잘못 했으면 반성하고 죄를 졌으면 벌을 받고
실수는 인정하고 거짓말 했으면 부끄러워 하고
모르면 모른다 하고
앞에서 웃었으면 뒤에서도 웃어야 한다.

두려워 할 용기
단상

167

80

용기라는 단어를 놓지 않았다.
놓칠까봐.
당신의 손에서 떨어져 내릴까 두려운 용기도
내가 함께 잡아드리고 싶은 마음, 용기.

두려워 할 용기
단상

두려워 할 용기 | 단상 서윤주

169

81

생의 찬란한 순간이 온다면 우리가 함께였으면 한다.
그 찬란함의 힘으로 써 온 우리 이야기의 제목이 '역사'였으면 한다.

두려워 할 용기
단상

두려워 할 용기 단상 서용주

82

믿고 있다고 말하지 않는다.
당신의 옆에 있을 뿐이다.

두려워 할 용기
단상

두려워 할 용기 단상 서용주

83

그가 어떤 정치인인지 알고 싶다면 한 가지를 보라.
그의 '우리'가 어디서부터 어디까지인지, 그 크기를 보라.
그의 '우리'가 자기 자신이거나 가족이면
자기 자신과 가족의 이익을 위해 일할 것이고
지역이면 지역만을 위해
조국이면 조국을 위해 일할 것이다.

두려워 할 용기
단상

두려워 할 용기 단상 서용주

84

우리는 혼자가 아니다. 서로는 연결되어 있다.
우리의 끼니와 누군가의 들깨 밭과 발전소가 연결되어 있고
어머니의 안부와 고속도로와 택배 서비스가 연결되어 있다.
편을 가르고 혐오를 조장하는 정치가
용서받아서는 안 되는 가장 큰 이유다.

두려워 할 용기
단상

두려워 할 용기 단상 서용주

85

멀리 있는 순례자의 길은 가장 가까이 나 자신을 찾기에 좋고
가장 가까이 동네와 마을의 길들은 세상을 향해 나아가기에 좋은
최고의 순례길이다.

두려워 할 용기
단상

두려워할 용기 단상 서윤주

86

할 수 있을까하는 두려움은 시간을 오늘에 가둘 뿐이다.

두려워 할 용기
단상

두려워 할 용기 단상 서용주

87

사물이 거울에 보이는 것보다 가까이 있음.
희망이 당신의 마음에 보이는 것보다 가까이 있음.
절망도 그러함.

두려워 할 용기
단상

두려워 할 용기 단상 서용주

88

남북관계 개선은 필연적 과정이다.
전 세계가 하나의 교실, 반이고.
한 반에 나와 매우 다른 쌍둥이 형제가 하나 있다고 가정해보자.
그와 나는 개별적 존재임이 분명하다.
하지만 반 아이들로 인해 그에게 무슨 일이 생겼는데
좋은 일일 경우도 그렇지만 안 좋은 일이라면 더더욱,
내가 그로부터 완벽히 자유로울 확률은 제로이다.

두려워 할 용기
단상

두려워 할 용기 단상 서용주

185

89

좋은 뜻과 의도 만으로는 충분하지 않다.
무엇을 어떻게 해야 하는지 알아야 한다.
그 뿐인가. 되도록 더 많은 이들이 느낄 수 있어야 한다. 느낌이다.

두려워 할 용기
단상

두려워 할 용기 단상 서용주

187

90

가장 힘한 곳에 진실이 담겨 있다.
연주자의 손가락, 춤꾼의 발, 농부의 등, 노동자의 어깨.
그곳에 집중해야 한다.

두려워 할 용기
단상

두려워 할 용기 단상 서용주

189

91

용기는 목적지를 향하는 승차권이다.
두려움은 그 승차권을 사기 위한 지불 대가일 뿐이다.

두려워 할 용기
단상

두려워할 용기 | 단상 | 서용주

92

바꿀 수 없는 것들에 매달리지 않고
바꿔서 안 되는 것을 지키고
바꿀 수 있는 일에 속도를 내야 한다.
이 중 가장 중요한 일은 이것들을 구분해내는 일이다.

두려워 할 용기
단상

93

어떠한 소리를 낼 것인지 준비해야 한다.
인정받거나 받지 못하는 순간을 위해서도 희망의 소리를 준비하자.
그게 태도고 용기이기 때문에.

두려워 할 용기
단상

두려워 할 용기 단상 서용주

94

매일 묻는다. 나를 변화시키는 건 무엇인가.
난 지금 무엇을 변화시킬 준비를 하고 있는가.

두려워 할 용기
단상

두려워 할 용기 단상 서용주

95

지금은 과거와 미래 사이에 놓인 가장 예리한 담장이다.
미래를 만드는 유일한 자산이다. 지금을 허비하면 미래는 없다.
과거로 몸을 기울이면, 미래는 담장 저 너머에 머무를 뿐이다.

두려워 할 용기
단상

두려워 할 용기 단상 서용주

96

두렵더라도 자기 자신이 되어야 한다.
나 아닌 다른 사람은 이미 많기에.

두려워 할 용기
단상

두려워 할 용기 단상 서용주

97

길을 잃어도 괜찮다.
길을 잃었다는 것은 곧 길을 찾아나설 확률이 높기 때문이다.
다만 두려운 것은 길을 잃었기 때문에 주저앉아버릴 당신이다.

두려워 할 용기
단상

98

어느 작가의 글을 좋아한다.
작가는 오랫동안 꿈을 그린 사람은 그 꿈을 닮아있다 했다.
우리는, 나는 무슨 꿈을 닮아있는가.

두려워 할 용기
단상

두려워 할 용기 단상 서용주

205

99

도착을 위한 여행과 여행을 위한 여행이 있다.
자리를 위한 정치와 정치를 위한 정치를 계속 생각한다.

두려워 할 용기
단상

두려워 할 용기 단상 서용주

100

나쁜 정치, 속보이는 정치꾼은 세상에 이미 너무 많다.
굳이 하나 더 보탤 이유는 없다.
새롭고 좋은 단 한 장의 벽돌이라도 될 수 있다면.

두려워 할 용기
단상

101

등을 보여주세요.
등을 보이는건 약해서가 아니라
자신을 믿는 강함입니다.

돌아서면 또다른 장면이 열리고
누군가 그 등에 기대어오는 기적도 만날겁니다.

등을 열어주세요.

두려워 할 용기
단상

두려워 할 용기 단상 서용주

102

편견은 멈출 수록 좋다.
편견은 초라한 자신의 판단력을 드러낼 뿐이다.

두려워 할 용기
단상

두려워 할 용기 단상 서용주

213

두려워 할 용기

초판 1쇄 발행 2024년 1월 5일

발행인	서용주
디자인	반도기획출판사 디자인팀
발행일	2024년 1월
펴낸곳	반도기획출판사 02-2272-4464
출판등록	제301-2011-209호

출판등록 2024년 1월 2일
ISSN 979-11-953780-8-1
책값 : 20,000원

본 저작물의 저작권은 본사에 있으며, 사전 승인없이 무단복제를 금합니다.